Date: 7/6/17

SP BR 304.873 BAI
Bailey, R. J.,
Isla Ellis /

D1401806

PALM BEACH COUNTY
LIBRARY SYSTEM
3650 SUMMIT BLVD.
WEST PALM BEACH, FL 33406

¡Hola, América!

Isla Ellis

por R.J. Bailey

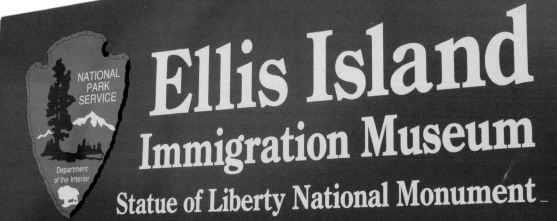

NATIONAL
PARK
SERVICE

Department
of the Interior

Ellis Island
Immigration Museum
Statue of Liberty National Monument

National Park Service
United States Department of the Interior

Bullfrog Books

Ideas para padres y maestros

Bullfrog Books permite a los niños practicar la lectura de texto informacional desde el nivel principiante. Repeticiones, palabras conocidas y descripciones en las imágenes ayudan a los lectores principiantes.

Antes de leer

• Hablen acerca de las fotografías. ¿Qué representan para ellos?

• Consulten juntos el glosario de fotografías. Lean las palabras y hablen de ellas.

Lean en libro

• "Caminen" a través del libro y observen las fotografías. Deje que el niño haga preguntas. Señale las descripciones en las imágenes.

• Lea el libro al niño, o deje que él o ella lo lea independientemente.

Después de leer

• Inspire a que el niño piense más. Pregunte: ¿Alguna vez has visitado la Isla Ellis? ¿Viajaron tus ancestros a través de la Isla Ellis?

Bullfrog Books are published by Jump!
5357 Penn Avenue South
Minneapolis, MN 55419
www.jumplibrary.com

Copyright © 2017 Jump! International copyright reserved in all countries. No part of this book may be reproduced in any form without written permission from the publisher.

Library of Congress Cataloging-in-Publication Data

Names: Bailey, R.J., author.
Bailey, R.J. Ellis Island.
Title: Isla Ellis / por R.J. Bailey.
Description: Minneapolis, Minnesota: Jump!, Inc. [2017] Includes index. | Audience: K to grade 3.
Identifiers: LCCN 2016016356 (print)
LCCN 2016017229 (ebook)
ISBN 9781620315026 (hardcover: alkaline paper)
ISBN 9781620315170 (paperback)
ISBN 9781624964657 (ebook)
Subjects: LCSH: Ellis Island Immigration Station (N.Y. and N.J.)—Juvenile literature.
Ellis Island (N.J. and N.Y.)—History—Juvenile literature. | United States—Emigration and immigration—Juvenile literature.
Classification: LCC JV6484 .B355 2017 (print)
LCC JV6484 (ebook) | DDC 304.8/73—dc23
LC record available at https://lccn.loc.gov/2016016356

Editor: Kirsten Chang
Series Designer: Ellen Huber
Book Designer: Molly Ballanger
Photo Researcher: Kirsten Chang
Translator: RAM Translations

Photo Credits: All photos by Shutterstock except: Alamy, 6–7, 12–13, 18–19, 22bl, 23tl; Corbis, 14–15; Getty, 16, 22tr, 22br; Gjenvick-Gjønvik Archives, 17; iStock, 24; Sean Pavone/Shutterstock.com, 13; Superstock, 20–21; Thinkstock, 1, 3, 4, 23ml.

Printed in the United States of America at Corporate Graphics in North Mankato, Minnesota.

Tabla de contenido

Isla de la Esperanza

Bajen del barco.

¡Estamos aquí!

¿Dónde? En la Isla Ellis.

Se encuentra en el puerto de Nueva York.

inmigrantes

Hace mucho tiempo, personas en Europa querían una vida nueva.

Dejaron sus casas.

¿A dónde fueron?

¡Estados Unidos!

Los llamamos inmigrantes.

Se subieron a barcos.

Cruzaron el océano.

¡Mira! La Estatua de la Libertad.

Los inmigrantes también la vieron.

Estaban felices.

¡Llegaron a los Estados Unidos!

Su primera parada
fue la Isla Ellis.

gran salón

Vamos a una
sala grande.

Aquí esperaban
personas.

Bajaban sus bolsas.

13

Médicos los revisaban.

¿Estaban bien de salud?

¿Estaban enfermos?

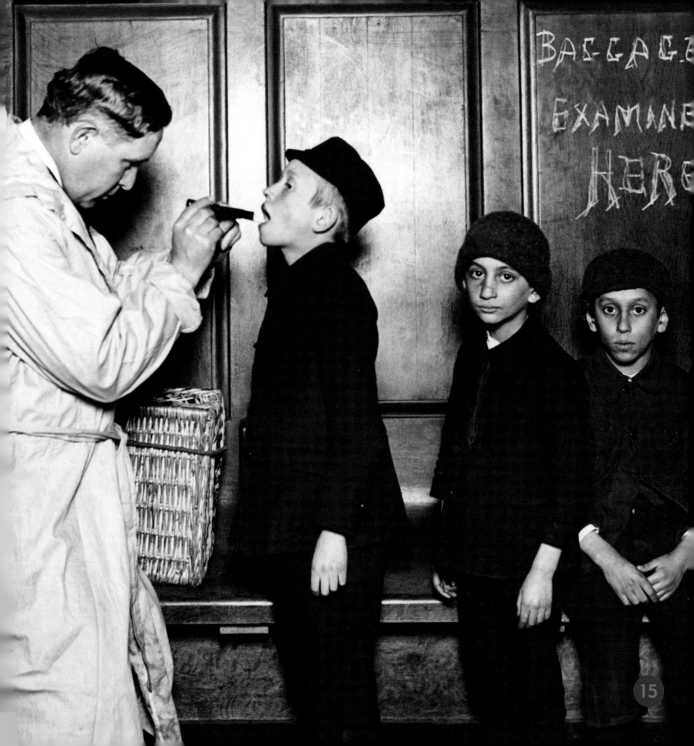

BAGGAGE EXAMINED HERE

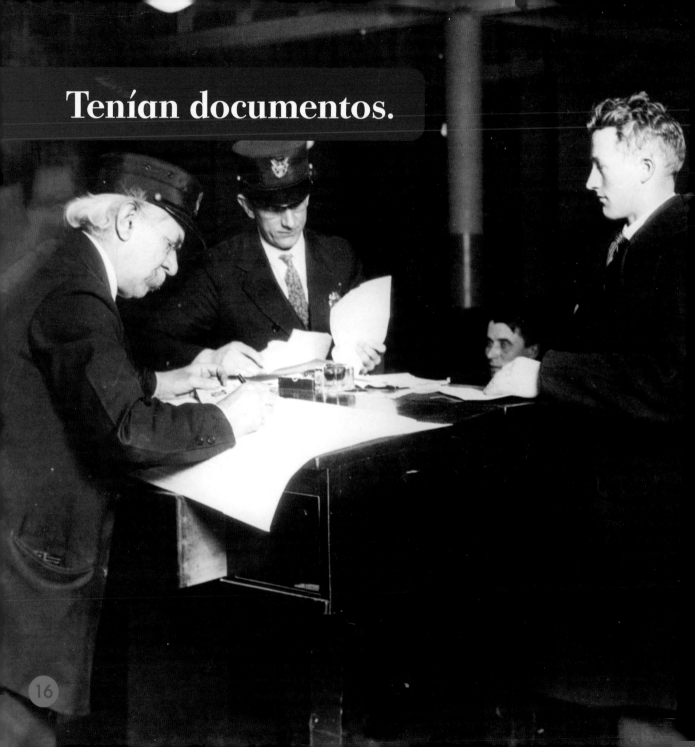

Tenían documentos.

Los documentos decían que podían vivir aquí.

HOLLAND-AMERICA LINE.

T.S.S. RIJNDAM.
from Rotterdam, Date 26 SEP 1923

Manifest Sheet No. | List No.

5 | **6**

Name of Passenger and address of destination

Barbara Vilkiene
C/o son: John Vilkus
264 N. Chicago St Kenosha
Wisc

17

Daban sus nombres.

¡Mira! Leemos
los nombres en
una pared grande.

Son nuestros ancestros.

¡Los Estados Unidos es nuestro hogar!

Un día en la Isla Ellis

La Estatua de la Libertad

Museo de Inmigración

El Gran Salón

Muro de Honor

Glosario con fotografías

ancestros
Miembros de
la familia que
vivieron hace
mucho tiempo.

isla
Tierra que está
rodeada por agua.

Europa
Un continente al
norte de África
y entre Asia y el
Océano Atlántico.

Nueva York
La ciudad
mas grande
en el estado
de Nueva York.

inmigrantes
Personas de
un país que se
mudan a otro
país a vivir.

puerto
Un lugar en la
costa donde los
barcos y buques
pueden entrar.

Índice

Para aprender más

Aprender más es tan fácil como 1, 2, 3.

1) Visite www.factsurfer.com

2) Escriba "IslaEllis" en la caja de búsqueda.

3) Haga clic en el botón "Surf" para obtener una lista
   de sitios web.

Con factsurfer.com, más información está a solo un clic de distancia.